TURKISH POETRY TODAY
2015

TURKISH POETRY TODAY

2015

R·H·B
2015

Contents

Essay
Novel
Short Story
Poetry

ELİF SEZEN

Translated by the author

Af

Darağacının can merkezine
bir dilek düştü
bir filizlenme dileği
bir kendini bırakış
bir korkuyu teslim ediş dileği...

Şimdi gölgesi kayıp
kulakları kesik bu çobanın
Sonsuzluğun sesi kesilir mi böylece?
Kendi ağıtında dans ediyor bu çoban
Çemberin içine hale olup
gül kokusu olup buharlaşıyor
Küçük kendiliği ölür mü böylece?
—tüme varır mı küçük öz?

Bir gün şöyle demişti küçük çoban:
birleşimin mesajını
görüyorum
bana söylemek istediklerini
baykuşun acısını   serçenin gülüşünü
sözsüzlüğün meleksi davetini
porsuk ağacının göğe astığı dilek ipini
herşeyin hiçe varışını
hiçin boşluğa çözünürlüğünü
huzura varışını hallerin

Act of grace

A desire fell
into the spirit-core
of a gallows tree.
A desire of letting go,
surrendering horror,
a desire of blossoming

Now the shadow of
this shepherd is lost
His ears are cut
Will the whoosh of
eternity quiet down?

This shepherd dances
in his own requiem now,
evaporating into the
circle as a halo,
as a scent of roses
Will his small self
fade away like this?
—will the glimpse of his
essence reach the whole?

One day the shepherd said:
I can see the message
of the union
that is passed on to me

endişenin avuç içinde lale oluşunu
lalenin gözbebeğinde parıltı

seni affediyorum baba

der o anda küçük çoban
kesip biçercesine biricik uzayının boşluğunu
Üzerine ufalanırken sihirli evreninin parçacıkları
yitik bir şehir yükselir bu yığından
giriş kapısında görkemli harflerle yazanı
okur çoban:
Akla hayale sığmaz şeyler gerçek olabilir!

the pain of the owl
the smile of the sparrow
angelic calling of speechlessness
the rope of wish hung on
the air by the yew tree
how everything merges
with nothingness
its resolution in the abyss
how souls reach peace
the anxiety becomes a tulip
within palms
a tulip becomes a twinkle
in the apple of the eye…

…I forgive you daddy.

Says suddenly,
the little shepherd
as if sawing out his dearest
outer space
a missing town rises above
from this ruin
while his magical universe
crumbles upon himself

the shepherd reads what's
written on the entrance gate
in magnificent letters:
Unthinkable things can happen

Sesler

Olmayan evin hatırasına ithafen

Sadece sesler satılıyor bu sokakta
Çocuk sesi ve yaşamı andıran sesler
Ama öyle yapmacık falan değil, gerçek bunlar!

Sonra…
bu ses satıcısının da düşleri olmalı
bizimkiler gibi; belki de evi, çocukları

Yokluk içinde varlık kıvılcımları…
'*Sıradan bir bekçiyim ben*'
diye kandırır çocuklarını

sanki çığlıklarla hiç alakası yok, patlayan balonlarla,
affedicisinin sessizliğine hesap verdiği bile görülmemiştir
Kara büyüyle de yoktur bir işi…

Yine de ölümlüdür o
her aldığı nefes konuşulmayası bir lütuftur
her gülüşü bir davet,

ama herşeyden önemlisi:
yokluğu cağırmak
ses satıcısının kaderi.

Sounds

for the absence of memory of home

Only sounds are sold in this street,
sounds of juvenile vivacity
but these are not fake, all genuine!

hmmm…this sound seller must have
dreams too, just like ours
perhaps he even has a home

with children
sparks of existence within famine…
he says: '*I'm an ordinary nightman*'

deceiving his kids
he has nothing to do with screams,
with bursting balloons

he was not seen confessing
to the silence—*of his forgiver*.
Also, he has nothing to do

with black magic
yet he is perishable
every breath he takes is

Fiction
Poetry
Theory of Fiction
Theory of Poetry

unspoken grace, every
smile is inviting
but the most important,

the fate of the sound seller
is to tempt the leftovers
of destitution.

Ayak izleri 16

Ayak izleri nereye
ulaştırır ki, bu umarsız
kör avcıları?

Footsteps

Where do footsteps
lead, these frustrated
blind hunters?

HAYDAR ERGÜLEN

**Translated by Caroline Stockford
& İdil Karacadağ*

*Translated at the Cunda International Workshop for Translators of Turkish Literature, 2013.

Aşk küçük...

Karşıma dünyayı çıkarıyorsun
korkuyorum
çünkü dünya aşktan büyüktür
eski haritalar, eski coğrafyalar,
eski imparatorluklar, eski aşklar,
ürküyorum, sürmez saltanatı aşkın o kadar
sürse yeter cumhuriyet kadar

Ben seni bu dünyaya rağmen...
Seviyorum sevmesine ama
yalan söylemek de istiyorum
aşkın bu dünyadan olmadığına dair mesela:
'Aşk farklı bir coğrafyadır
ve hiçbir haritada yeri yoktur'
biraz daha abartabilirim hatta:
"ve aşk bize rağmen kurulmuş
iki kişilik bir imparatorluktur"

Hadi şimdi doğru
kendine dön ve kalbine gir
aşk sınır tanımayan o şeylerden değildir
onun da yüzölçümü, hacmi, metrekaresi vardır
bazen bir ev, bazen bir sokak kadardır
bir park, bir köprü, bir tünel sayıldığı da olur,
ve sonuçta bu dünyadan dardır

Love is small...

You line up the whole world in front of me
and I'm afraid
because the world is larger than love
old maps, old geographies
past empires, past loves
I am scared
love can't last as long as an Empire does
if it's as long as a republic that's enough

Despite this world I do...
love you but
I want to tell a lie too
about love not being of this world
saying something like:
'Love is another geography
and no map marks its place'
I can even exaggerate a bit more:
'love, despite the both of us,
is an empire built for two'

Go now, straight back
to yourself and enter your heart
love is not something that knows no bounds
it does have its surface, mass and square metres
sometimes it's the size of a house, sometimes a street

Evet, evi kuran da aşktır
benim bir odam var orada
kapısı da sana açık yeter ki
evi aramıza kurma
ben de sana ev biziz diyeyim,
yok diyeyim benim senden başka evim,
altıncı katta oturalım hatta aşk bu ya
asansörü de olmasın
aşka öyle kolay çıkılmasın
adını aşk merdiveni koyalım
öyle bir bitki mi vardı sarmaşık
biz bu aşka asansörle çıkmadık
biz bu aşkı adım adım tırmandık,
diyelim

Evet sevgilim aşkımız dünyadan küçük
bunu bilmekte fayda var insanlık adına
kimseyi kandırmayalım, birbirimizi hiç
dünyadan fayda yok bize evden var
dünya aşktan daha büyük
dünya büyük, ev küçük olsa da
bizden önce kalplerimiz taşınsın oraya
aşkımız üç oda bir salonu
doldursun yeter bana!

there are times it's considered a park, bridge or passage
all in all it is narrower than this world

Yes, it is love that sets up a home
I have a room there of my own
and its door is open to you as long as
you don't set up the house in between you and me
then I will tell you that the house is us
and that I have no other home but you
let's live way up on the sixth floor—it's only love, you know
let's not even have an elevator
love shouldn't be reached that easily
we will name it '*chaine-des-coeurs*'
isn't there a creeping plant called that
we didn't reach this love by elevator
we climbed to this love step by step
let us say

yes my darling
our love is smaller than the world
to know this would serve people well
let's not fool anyone and never each other
the world's no good to us, a house would suit us fine
the world is larger than love
even if the world is vast, and the house is small
let our hearts move in there first
let our love fill a three bedroomed place
that's enough for me!

Diyor ki:

İçerde suya karışıp uzayan bir sessizlik
tıkır tıkır çalışıyor
diyor ki: çalışkan sessizlikleri severim
aramızda bir sessizlik akıyor

İstersen ışıkları değiştirebilirim
kavuşmanın ışığı yalnızca gözlerimizdedir
ayrılığın ışığı gözlerimizi alabilir
akşamın ışığı sabah mı öğle mi bazen
ne farkeder—kimse farketmeyebilir

Aşk yalnızca şımarmak içindir
şımarır ve şımartır
sonrasını yatıştırıcı sevgi bilir

Diyor ki: Korkutmazdı başkalarının yalnızlığı bunca
eğer konuk olabilseydik kendi yalnızlığımıza...

And she says:

within is a silence that mingles with water and runs on
ticking like clockwork
she says: I like studious silences
peace is flowing between us

If you wish I can change the lights
for the light of our coming together shines only in our eyes
the light of separation may blind us
is evening light coming from morning or noon
what difference is there—no-one may know

Love is for indulging your loved one alone
It spoils you and lets you be indulged
and the afterward is bathed in soothing affection

she says: others' solitude would not scare us so
if we only knew how to be guests in our own...

Translated by Caroline Stockford

İç nefes

o bir çay istemişti, trenin içinde
biz tren yolcusuyduk, çölün içinde
ben yalnız kalmıştım, senin içinde
oysa kaç kişinin yerine sevmiştim seni

aşkı geçtik, gözlerini açabilirsin

o bir dile sığınmıştı, sözü içinde
yolu yoluma çıkmıştı, çölü içinde
ben eski kalmıştım, senin içinde
oysa kaç çocuğun yerine övmüştüm seni

düşü geçtik, kendine bakabilirsin

o bir bende kırılmıştı, hayli içimde
ıssız otağ kurulmuştu, canım içinde
ben kime kalmıştım, senin içinde
oysa kaç bahçe yerine açmıştım seni

kimi geçtik kimseye sorabilirsin

'Nefes' of inner breath

she ordered a tea, on the train
we were passengers, in the desert
I'd been left alone, within you
and yet how many others had I pushed aside to love you

we've passed by love, you can open your eyes now

she'd taken shelter in language, in one of its words
her path crossed mine, in the desert
I was worn out, within you
and yet how many children did I overlook to praise you

we've passed by the dream, you can look at yourself now

she'd broken down in me alone, well within me
and staked her vast pavilion, within my soul
who was I good for now, within you
and yet how many gardens did I neglect tending you

we've passed by someone, but you can't ask who

Translated by Caroline Stockford

Kūs nefes

sana küstüğümde sen yoktun daha
yokluğuna küsmüştüm sonra sen geldin
kendime isteyemezdim seni öyle güzeldin
şimdi varmışsın gibi küsüyorum yokluğuna

alınganlık, ah, bilmezsin, küsmem de küsülecek
zamanda, n'eyleyim varlığın yokluğundan tenha
senden başka küsecek kimse mi bıraktın bana
bir ben kaldım bir de bıraktığın küskünlük tenha

sen kimseye küsmezsin bilirim, gözlerin de
yaprak hırsızı güz: anılar düştükçe göz
dolar, yaz gelmeden temizlemek gerekir
gözleri yoksa küskünlük de gözyaşıyla kirlenir

küsecek kadar sevmeli insan birini
o gelince küsmeli: nerdeydin bunca zaman
niye sevmedin beni, küsecek kimsem yoktu
demeli, o varken de kimseye küsmemeli

'Nefes' of the quiet between us

before you even existed I was mad with you
the lack of you upset me, and then you were here
you were so beautiful I could not want you for myself
now I'm subdued by your absence as if you were here

this sensitivity, oh, you can't imagine
things that should upset me seem to make no mark at all
what am I to do, your presence is more barren than your absence
have you left me no-one else to go quiet on
I alone am left in the desert of your silence

I know you won't show this stillness to just anyone at all
and your eyes are like Autumn, that stealer of leaves
as memories fall, eyes will fill
those eyes must be cleaned before Summer is here
or the silence between us will be sullied by tears

you must love someone enough to go quiet on them
don't talk when they arrive: where were you all this time?
why didn't you love me?
without you I had no-one not to talk to
is what you should say
and when they're with you, go quiet on no-one but them

Translated by Caroline Stockford with Selhan Endres

Yeşil ördek

...Tam o yeşil elbiseyi beğenmiştim ki sana
gözlerin geldi aklıma, baktım, bu şiire gidecek
kadar yeşil değildi gözlerin, hem görmedim hiç
ağladığını da, hem boşunaymış sözleri yalan olanın
gözlerinde gözyaşının **gölgesini** aramak...
Aylardan da hazirandı sözüm ona, nisanla eylül
kolkola girmiş iki sarhoş gibi yıkıla yıkıla
geçiyorlardı bizim sokaktan, gözleri yağmur dolu,
anladım yağmurda söylenen şarkıların neden **kekeme olduğunu**:
"*Elmaya sor aşkı bana sorma*", yağmura bak,
içimde yer kalmadı acıyı dışıma bırak !
Bir yeşil gömleğim olsa ben de katılacaktım şarkılarına
ne yeşil gömleğim var oysa ne de o çocuk benim
keder düşüremem üstüne o çocuk **daha şiir yaşında**
gövdeni başkası geziyor, acısı benim ruhumu eziyor
kimin **gömleği açıksa** sana şiirini de o yazsın
tendeki dövme geçer, ruhtaki kalır, ben yağmurla dövüldüm
iyisi mi yeşil erik yeme artık, karnın ağrıyınca bana küsme
boğazını üşütürsen başkası yeşil fular alsın sana
ama unutma kimse benim kadar derinden söyleyemez
şu "*yeşil ördek gibi daldım göllere*" türküsünü
ben hiç söylemedim mi sana, demek ki görememişim
bir damla gözyaşı olsun acının yağmurunu kirpiklerinde
küs öyleyse, küs, bi da'a da bizim sokaktan geçme!

The green duck

...and just as I'd chosen that green dress for you
your eyes came to mind, I looked,
but your eyes were not green enough for this poem
besides I'd never seen you cry,
and it was pointless
seeking the traces of tears in the eyes
of one who's words are nothing but lies
the month was June supposedly, April and September
stumbled arm in arm like a couple of drunks
passing our road, their eyes full of rain
then I knew why songs in a downpour sound stammered
'Ask the apple about love, don't ask me', look at the rain
I've no room left within, place the pain outside of me!
Had I a shirt of green I'd have joined in all your songs
I have no shirt of green and that child, he isn't me
that child is at the age of rhymes, I can't rain grief on him
someone else wanders your body, and the pain of it
         crushes my soul
whosoever opens his shirt to you, let him write you his poetry
on flesh, tattoos will fade, but on the soul they stay the same
I've been tatooed by the drumming rain
it's best not to eat the greenest plums, don't moan to me
        when your belly aches
and if you catch a cold let someone else fetch you a green scarf
but remember no-one sings the folk song as profoundly as me
'and I dived in the lakes like a green, green duck'
have I never sung it you, then that means I've never seen
not one drop of tears, bitter rain, on your lashes
take offence, ignore me then, don't ever come past our street again!

Translated by Caroline Stockford

Uykusu gelen Şeyler Üstüne…

"Kızlar dindi memeleri sütliman"

Yirmiler güneşliydi de otuzlar nasıldı unuttum
hayli kırmızıydı yirmiler bunu unutmam
ateşliydi, alevliydi, terliydi bir de gözüpek,
gözükara, gözükızıl ve kendi içinden geçecek kadar,
geçti yirmiler uzun sürdü yirmi yıl kadar daha sözgelimi
bundandır otuzlar deyince aklıma uzunyirmilerin gelmesi

Oysa başkalarının unuttuğunu senin toplamanı beklerdim
ve böylece herkesin yerine senin hatırlamanı, o sendin evet
Türkiye'nin hatıra defteriydin ya da buna benzer bir şeydin
öyle sanırdım o hiç unutmaz oh iç unutmaz ohiçu nutmaz
o yüzden bunu senden beklerdim, sen o yüzdendin işte
ben de o yüzdendim sana, hepimiz o yüzdendik birbirimize
birbirimizin kırkı bir biri de Türkiye'ydi
fakir kuşlardan seyrek adalara ve paçalı güvercinlerden daha…
*(Ben galiba şiir yazmaktan sıkılıyorum artık yazarken de
katlanamıyorum şiir yazan kendime, şiirlerin gitgide*
uzaması da

*bundan, kelimelerden de çok sıkıldım, onlarla bir şeyler kurmak
zorunda olmaktan da…)*

Herkesin şiirinde bir Türkiye'dir gidiyor, al benden de bir
Türkiye,

On Things That Are Falling Asleep

"The girls have calmed, their breasts like a millpond."

The twenties were sunny but I forgot what the thirties were like
I could never forget just how scarlet the twenties were
passionate, fiery, sweaty and self-assured
courageous, red eyed, and fast enough to pass right through
themselves
that's how the twenties went by, they lasted long—say, another
twenty years
this is why when I think of the thirties longtwenties come to my
mind

Yet I would have expected you to pick up what others forgot
so only you would remember, instead of everyone, yes, that was
you
you were Turkey's scrapbook or something of the sort anyway
that's what I thought—she'd never forget, she wou ldnev
erforget, she'dne verfor get
that is why I expected it of you, you were there because of it,
that's all
that is why I was for you, that is why we were all for one another
there were forty of us all apart but our one concern was Turkey
from poor birds to scattered islands to the pigeons, and more
besides...
(I think I'm getting tired of writing poems I can't stand myself
writing poetry even as I'm twriting it, this is why the poems are
getting longer, and I'm tired of words too,
and having to create things out of them...)

beyaz Türkiye, siyah Türkiye, yeşil Türkiye, Kızılbaşlar var bir de
onlarınki iç Türkiye, şiir Türkiye denen bir sokağa mı çıkmış ne,
ben daha evden çıkamadım, şiirin içinden hiç, uzatmadım
da başımı
pencereden dışarı, aman, ya Türkiye görürse!
Ben daha yirmiler, otuzlar, kırklara var, ohooooo, Türkiye'ye
gelesiye...
Benim Türkiye deyince hiçbiriniz, hiççoğunuz, hiçşiiriniz
gelmiyor aklıma,
boşuna sallıyorsunuz öyle şiirlerinizi, dizelerinizi bayrak gibi
oturun yerinize, Türkiye sen de otur yerine, benim Türkiye
deyince yalnızca Cemal Süreya geliyor aklıma ve gitmiyor
hak'katen benim Türkiyem Cemal Süreya'dır, herkes külleri
karıştırıyor
biraz da yağmuru karıştıralım hadi, belki yağmurdur tesellisi
şairin
külünün, hatırladım yangınlardı otuzlar, külünün üzerinde
oturuyoruz hala
şöyle uzunyirmiler kadar uzuuuuuun utançlar yağsa!

Otuzlar! Bu durup durup *"eski denizleri karıştırması"*na
benzer bir şeydi
Tanrının, bunu unutur muyum, unuturum, kızları da unuturum
memelerini de, şairler mi, geç, onları çoktan unuttum,
kızların sütü kalmaz,
kızlar şairlerden önce yaşlanır, kızlara yazılan dizeler kalır belki,
biz bazı şairleri şiir diye severiz, şiir diye unutmayız,
şiiri trajik olmayabilir çocukluğu kadar, çocukluğundan

Everybody keeps going on about Turkey in their poetry, so
                here's a version from me:
white Turkey, black Turkey, green Turkey and there's the
                Kızılbaş too
their Turkey is inner Turkey, poetry leads onto a street called
                Turkey or something
I haven't even left my house yet, much less poetry, I've not even
                looked
out of the window—be careful, what if Turkey sees you!
I've just said the twenties, but there are the thirties and the
                forties yet to come,
and Turkey's still on the horizon, waiting for them all…
when I think of Turkey, I think of none of you, nonemost of
                you, nonepoetry of you
you're waving around your poems and your rhymes like flags
                for nothing,
sit down! Turkey, you sit down too, when I think of Turkey
only Cemal Süreya comes to my mind and he never, ever leaves
I swear Cemal Süreya is my Turkey, everyone sifts ashes but let's
                sift rain for once
perhaps the rain is a consolation for the ashes of the poet
I remember now, the thirties were a wildfire, we're still sitting
                on the ashes
would that steady streams of shame rain down, for as loooong
                as the longtwenties!

Thirties! They were just like God "*disrupting the old seas*"
could I ever forget them, yes I could, I could forget the girls too

doğru severiz,
çocukluk gibi belki şiirinin de uykusu gelmiştir deriz
gözümüzün içine bakan şiiri, *"o hiç kimsenin gözkapaklarının
altında/uykusu olmamanın sevinci"*yle severiz, uykusu geldiyse
rüyası da gelmiştir diye bir de sevmek ister ve severiz,
Cemal Süreya'yı da bir şehir olarak değil bir semt gibi sevdim
Eskişehir gibi, ki benim de en eski semtimdir, çocukluğumdur,
çocukşehrimdir, Odunpazarı gibi, Yoğurtçu Parkı,
Kadıköy, Eyüp,
Emirgan, Kuzguncuk, eskiden Cebeci gibi, çünkü ben galiba
en çok gözlerinden doğru seviyorum her şeyi, sevmeyi de
gözlerinden
doğru seviyorum su içmeyi de, hatta seni seviyorum demeyi bile
gözlerinden doğru ve lirik şehirleri de, ki onlar dişi semtler
sayılır,
şiiri bile gözlerinden doğru, yani en çok uykusu gelen
şeyleri seviyorum,
şehir üç kere yaşa yaşa yaşasın ama semtin gözleri dalsın kapansın
kızların memeleri, ki dalgın olsun, bakışlarından doğru dalgın
dolsun dalsın taşsın açılsın ve kapansın sabaha kadar
uykuda kalsın
gözkapakları gibi biraz onlar da aralık kalsın
harfler de kapansın en çok onların gözleri dalar gider uzaklara
küçük büyük siyah beyaz yatay eğik dik ince uzun kalın kısa
ama suçlamasın da kağıtlar onları uykusuzlukla, uyku süttür
uyku suna gölüdür, süt içinde ısınmaktır rüyaya, süte kavuşmaktır,
sütten taşmaktır, göl de taşar sunadan, şiirin de sütüdür uyku,
şiiri sevme nedenim yalnızca bu artık, sık sık ve çooooooook

and their breasts too, what about the poets you say, well I forgot
　　　　　　　　　　　　　　　　　　　　　　them long ago
the girls soon run out of milk, they get old before the poets do
perhaps the lines written for the girls by the poets remain
we love some poets because we take them for a poem, we
　　　　　　　　　　　　　　　　　　　remember them as a poem
their poetry might not be as tragic as their childhood, we love
　　　　　　　　　　　　　　　　　　　　them for their childhood
we think maybe their poetry is just as full of sleep as their
　　　　　　　　　　　　　　　　　　　　　　　　childhood
we love the poem staring at us right in the eye "*with the joy / of
there being no sleep beneath anybody's eyelids*", and besides we
think that if the poem is full of sleep then
it must be full of dreams too, so we want to love it once more
　　　　　　　　　　　　　　　　　　　　　for that and we do
I've loved Cemal Süreya too not as a city but as a
　　　　　　　　　　　　　　　　　　　　　neighbourhood
like I've loved Eskişehir, which is my oldest neighbourhood,
　　　　　　　　　　　　　　　　　　　　　my childhood,
my childcity, like Odunpazarı, Yoğurtçu Park, Kadıköy, Eyüp,
　　　　　　　　　　　　　　　　　　　Emirgan, Kuzguncuk
like Cebeci used to be, because I've come to think that anything
　　　　　　　　　　　　　　　　　　　　　　I love, I love
because of your eyes, I love love because of your eyes, and
　　　　　　　　　　　　　　　　　　　　drinking water too
even saying I love you because of your eyes, and lyrical cities
too, which could be called womanly neighbourhoods, even
　　　　　　　　　　　　poetry because of your eyes, in short

uykusu geliyor son zamanlarda, yarım kalmış bir çocukluğun
sütünü
yıllar sonra içiyor, içiyor ve içerken yine süte dalıyor gözleri,
şimdi bile ha kapandı ha kapanacak harfleri
hepsi öyle dalgın ki birbirinin gözünden...

Cemal Süreya'yı unutmam ama şiiri de kurcalayan bir şey var
acaba otuzların sonuna dair bir şey dememiş miydi o
dört kırlangıç hayatı gibi bir şey sözgelimi, biri göğün yüzünde
biri onun gölgesi, sanki kanadının tekini düşürmüş gibi
arıyor sularda bir hışmınan geçtiği gençuçumlu günleri
biri, kaç kırlangıç olsa şiirden başka hayatı yok, yazık
demeli buna, ucuz da olsa böyle söylemek, hayattan başka şiiri yoktu
demeli bir insana sonunda, insan sonudur:-şiir diye bilirdik!
Şiiri de zaten süt gibi gölgesi olan rüya diye bilirdik
gölgesi süte düşmüş bir uykunun ortası diye bilirdik...

Otuzlar dalgalı olmalı, imbat, yakamoz romantik kalır yanında
lodos, poyraz, karayelden başla, tufan, hortum, fırtınaya çık
kırkları biliyorum, yağmurluydu, hiç bitmeyecekmiş gibi
gelir insana upuzun bir yağmur gibi ölünce de onunla
yıkanacakmış gibi hep yanında insanın: ölümlü dünya
yağmurlu dünya, tam o anda, ikisinin arasında ben
yirmilerde değilse de otuzlarda payımı almışım kara güneşten
melankoli dediklerini de duydum buna, Süha Tuğtepe 'malihülya'
derdi de tam Sühalık bir söz diye hayran hayran gülerdim
arkadaşlığın zerresi kaldıysa dünyaya çoğu ondandır,
yağmura karışmadan sözler nefesime yetişeyim diye

what I love the most are things that are falling asleep,
three cheers for the city but let the neighbourhood be sleepy, let
        the breasts of the girls
be covered, so they become pensive, pensive because of their gaze
let them fill up, dive in, overflow—et them open, close, then
        stay asleep until morning
let them remain half open like eyelids do, let the letters of the
        words be covered too,
for they are the ones who train their gaze on the distance the most
small letters, big letters, black, white, horizontal, slanted,
        vertical, thin, tall, thick, short
but don't let the pages accuse them of sleeplessness, sleep is milk
sleep is a lake of beauty, it means dreaming in warm milk; it
        means rejoicing in milk
sleep overflows from milk, as the lake too overflows from
        beauty, sleep is poetry's milk
that is my sole reason for liking poetry from now on, lately it's
        been getting sleepy
it's been too sleepy too often, drinking the milk of an
        incomplete childhood after years,
gulping it down—staring into the milky depths even as it's
        downing it
even now its letters are about to shut their eyes
each of the eyes gazes more wistfully than the others

I would never forget Cemal Süreya, but there is something
        bothering this poem
I wonder if he hadn't said anything about the tail end of the thirties

nefes nefese ve geç olmadan daha şimdi söylemem gerek
sonunda söyleyeceğim şeyleri...

Kızlar dindiğinde ve uykusu geldiğinde bazı şeylerin
denize bakan bir evde bekliyordum (bkz. "Kuzguncuk Oteli"
başlıklı eski şiirim, eski evim), bunu denizin üstünde diye
düzeltmem gerekiyor, hatta şiir yazdığıma göre denize
karşı da diyebilirim, bütün bunları ve daha...
Denizin rengi varmış, ben o zamanlar kalmakla gitmek
arasında, akmakla durmak arasında yaşıyor muydum,
hayır, hayattaydım yalnızca ve aradaydım, arasındaydım
her şeyin,
deniz kalıcılığı çağrıştırıyordu ve ben de o yüzden sanırım
evimi bir otel sanıyordum kendimi de
bir gün daha,bir gece daha isteyen bir mülteci
hep geçici değil miydik zaten denizin karşısında
biz geçiciyiz o akıcı
biz gidiciyiz o kalıcı

O zaman fazla mı yakındık denizle birbirimize
herkesin bildiğini ben bilmiyordum yine, deniz maviydi
kızlar da maviydi aslında, ve sanırım bu dizeden olmak üzere
memelerinin de mavi olduğunu yazmamı bekliyorsunuz ama,
ben o zaman bilmiyordum olmayan kızlara mavi denildiğini
bunun 'saudade' gibi bir şey demek olduğunu: yok mavi kız,
(bkz. "Le Poete Regarde", yani "Şair Seyrediyor" şiirim)
galiba sütün harfleri gibi uykunun da harfleri mavi,
o yüzden mi, gözkapaklarının eski zaman kuşları gibi ağır

say, something about the lives of four swallows, one of them on
                                     the face of the sky
the other that one's shadow, another one searching the waters
                                       for the swiftly gone by
days of its youthful flights, as if it'd dropped one of its wings,
                                       and yet another—
no matter how many swallows it ends up being, he has no other
                                       life than poetry, pity
this is what one should say, even if it's base to say so: at the end
                                       of everything,
a person should be told "he had no other poem but his life"
a man is what his end becomes: "we took him for a poem!"
we took poetry to be a dream with a milky shadow
we took it to be the middle of a sleep whose shadow falls into milk

The thirties must have been rocky, the summer wind or the
                                       moonlit waters of the sea
would be too romantic in comparison—to describe it one
should start with the four winds and then
move on to a rainstorm, a tornado, a hurricane
I know about the forties, they were full of rain that one thought
                                       would never end,
like a steady downpour which looked as if it would stay with
                                       you forever,
as if you'd be washed with the same water when you die: the
                                       world is not permanent
the world is full of rain, and at that moment, I stood between
                                       the world and the rain

ama tüyden hafif kanatlarıyla gamın üstüne inişi

Bizim ne uykumuz mavi ne harflerimiz
bizim payımıza yalnızca söz düşmüş gibi
deniz çekilir mavi gider bize harfleri kalır
gam çekilir çeker gider bize ahları kalır:

Dünya gamdır arkadaşlar
dünya büyük gamhane
dünya gözün baktığıdır
dünyaya dalmayan göz gama dalar
insanın gözleri dünyadan dolar
gözlerimiz için geldik (gelmedik mi) dünyaya
gözlerimiz araya araya dalmadı mı gam deryasına
benim de bir kibar çağım oldu ve hicran kuyusu
dedimse de ona şimdi dünya gam kuyusu

Gam kuyusu, iç kuyusu, uyku ılık bir kuyu
kuyu uyku gece gündüz gibi hem birbirinin içinde
hem birbirinden derin ikisi de, ve ne tuhaf,
dünya kendisi hakkında söylensin diye var sanki
yalnızca bunun için var gibi, şair de bunu farkedince
şiiri bırakan adam değil midir, benim gibilerse
şiire yeni başlayanın hevesiyle kapılır buluşunun büyüsüne,
ve böyle böyle yani yaza yaza demek istiyorum
yaza yaza kaybederler dünyanın şiirini
dünyada şiir varsa, dünyanın bir şiiri varsa
şairlerdir onun kaybına sebep de...

if not during the twenties then during the thirties I had my fair
                                      share of the black sun
I had heard it called melancholy, Süha Tuğtepe called it
"melancholia" and whenever I heard him say it I beamed with
admiration, thinking "that is such a Süha type of word"
if there is a single trace of friendship left in this world it's mostly
                                             down to him
and now I want to catch up with my breath before the words
                                       mingle with the rain
so I have to tell you what I would have said at the end
out of breath and before it gets too late...

When the girls calmed down and certain things started falling asleep
I had been waiting in a house with a view of the sea (*cf. "Hotel
Kuzguncuk", my old poem, my old home*) I should correct that
and say "a house by the sea", actually
seeing how I'm writing a poem, I could even say "a house on the sea"
I could say all these and so much more...
the sea had its own colour, back then I couldn't decide whether
                                          to stay or to leave
whether to flow or stand still, was I even alive those days?
no, I was merely living, I was torn in two, in the midst of everything
the sea made me think of eternity and maybe that is the reason why
I thought my home was meant to be a hotel, as for myself, a refugee
whose only desire is to stay one more day, one more night
are we not all transitory compared to the sea?
we are shackled to the moment, the sea flows freely
we are impermanent, the sea exists eternally

Gam kuyusu iç kuyusudur insanın
gamdan sonra ne düşer ki içimdeki kuyuya
içimdeki kuyu koyu koyu kuyu içim koyu
koyukarakuyukarauykukara...
Uyku gelmeden daha gözlerimden indim
gece gözlerimi bulamamıştı daha
ben de gündüzleri gecesinden uzun olanlardandım daha
yani uzungündüzlüydüm
yani içim çıplaktı daha
böyle selam verirdim birine
gündüzünüz gecenizden uzun olsun der gibi bir şeydi
o da tekrarlardı bunu: sizin de
oysa geceniz de demesini beklerdim onun
demezdi, hep öyle yapardık,
dünyayı böyle böyle tekrarlardık...

Denizin rengi varmış, o zamanlar *Kirli Ağustos* gibi
bir yaşamanın ortasındaydım, bir denizin kıyısındaydım,
bir cehennem kuyusundaydım, derinde değil dipteydim,
gittikçe gri ve bazen Ağustosun ta kendisi olurdu sonsuzluk,
beyaz olmayan bir kokusu vardı, duyardım, kirli koku,
sonsuzluk mavi kokardı, görmesem de anlardım,

Otuzların sonuydu, dalgalıydı, ben de hayli dalmıştım,
her şeyden açılmıştım, kıyıdan da denizden de maviden de
dünyadan da içimden de şiirden de her şey dursun istiyordum
deniz dursun istiyordum mavi bir toprak gibi
dümdüz olsun istiyordum dalgalar da ütülenmiş gibi

I wonder if the sea and I were a bit too close back then
once more I didn't know something that everyone else did, the
                                             sea was blue
really, the girls were blue too, and I suspect from the way this
                                             line is going
you expect me to write that their breasts were blue as well, but
I didn't know then that blue was a name for girls who didn't exist
that this meant something like "*saudade*": the blue girl is not here
(*cf. my poem called "Le Poete Regarde" that is "The Poet Watches*")
I think the letters of sleep are blue like the letters of milk
so is that why your eyelids descend upon the gloom
heavy as the birds of old but with wings as light as feathers

Neither our sleep nor our letters are blue
as if all that falls to our share are just words
the sea ebbs, the blue leaves, what's left to us are their letters
bitterness ebbs, gets up and leaves, what's left to us are its sighs:

The world is darkness my friends
the world is a huge house full of gloom
the world is only what the eye perceives
the eye that doesn't gaze at the world gazes into the gloom
your eyes well up because of the world
we were born for our eyes (were we not?)
did our eyes not dive into the lake of bitterness, for all the
                                             searching they did?
I myself had an episode of gentleness, and even if back then I
                                             called the world

kırışıksız, yıllarca durabilirdi ve ben uyuyabilirdim
sanki içimde bir iskele var da ona bağlı bir denizin
mavi uykusunda ve sonunda yitirinceye dek
sonsuzluğun rengini de kokusunu da...

Otel sandığım bir eve bağlamıştım kendimi
o zaman ne denizin ne kızların mavi olduğunu...
Sonsuzluk gibi yani olmayanın rengi
renkten çok kokuymuş gibi gelir bana mavi
sonsuzluk da zaman gibi
harfleri de maviymiş uykunun kokusu da
öğrendim, dünya bir gam hanesi
uyku bir yağmur alfabesi
yağmur bir uyku kuyusu

Dünya onun için var densin diye var
heves niye var
dünyaya kapılanlar için var
heves dünyanın davetini kabul etmektir

Uykusu gelen şeyler üstüne bu şiiri yazarken
birden farkettim aslında hiç bitmeyen şiirler yazmak istediğimi
elyazımla, kedim Kiraz, kağıdın üstünde uyurken
şiirin üstünde, harflerin üstünde uyur ev ve onun kedisi
kağıdın uykusu, harflerin uykusu, Kiraz'ın uykusu
sanki boşluğun da uykusu gelmiş gibi bir anı bu,
ben yazmadan da biliyordum bunu, kedim yokken de,
uykunun kağıda gölgesi düşmemişken

a well of sadness, I now declare it to be a well of bitterness

A pit of gloom, a pit within, sleep is a pit full of warmth
the abyss is sleep; and just like day and night
sleep and the abyss are as deep as each other, contained within
                                                    each other
how strange it is—the world seems to exist just so it can be
                                                    talked about
that is all it seems to be there for, and is the poet not one who
                                                    gives up poetry
when he realises this, whereas those like me with the zeal of a
                                                    newcomer
become enchanted with the magic of their own invention and thus,
by which I mean: by keeping on writing
they write and they write only to lose the poetry of the world
if poetry exists on earth, if the earth itself has a poem
it's the poets who will be responsible for the loss of it...

The pit of gloom is the pit within one's self
after the gloom, what more can fall into the abyss within me?
the well inside me is dark, dark pit, within me is darkness
darkblackwellblacksleepdark...
I came down from my eyes right before sleep arrived
the night hadn't found where my eyes were yet
and I was still one of those who had longer days than nights
which meant I was from longdaysland
which meant inside me I was still naked
it was in the way I would greet a certain person

uykulu harflerin şiire gölgesi düşmemişken
harfleri üstüne mi atarız içine mi kağıdın bilmiyorum
yazıp unutup tekrar yazarak bulduğum yerden yaza yaza
hep bir müsvedde olarak kalsa şiirler bana
sonra müsveddeden başka bir şey yazmasam
tıpkı bu şiiri yazdığım gibi
üstünde oynamasam, bir daha çalışmasam
aslı da bu olsa temizi de öyle çekip göndersem
içimden, çekip niyetimden temiz kalpli bir kağıt olarak onu…

Rafine olmasa, estetik müdahale, plastik endişe,
bir hammadde olarak, işlenmemiş, kaba haliyle
saf şiir, şişman şiir, uzun şiir, gevşek şiir, sıkıcı şiir, bol şiir,
dar şiir, sarkmış şiir, zayıf şiir, eski şiir, geçkin şiir, yaşlı şiir,
arkaik şiir, vakitsiz şiir, hatta uykusu gelmiş şiir olsa…
Şiirin de uykusu gelir öyle ya!

İşte ben de söylüyorum sonunda, *"poeta pirata est"*,
şair korsandır, hatta hırsız bile diyebiliriz şaire,
çünkü mülkiyete düşmandır ikisi de
ve şairin yeri ikisinin arasında bir yer olmalıdır
sözcükleri de şiiri de ödünç almalıdır
dünya şiirin de bahçesidir, *"eski çocukluğun gereği"*
bahçeye dalmalıdır

…

Birinin uykusu dünyaya kaçtı anlaşılan ve sanıyor ki
gözlerini dünyada unutan kurtulur bu gam kuyusundan

saying something like "may your day be longer than your night"
she would repeat the sentiment in turn: yours too
when I would have expected her to say "may your night be the same"
she wouldn't say it, it's what we always did
and in this way we would repeat the world over and over again...

The sea had its own colour, back then I was in the midst of
a way of living like *'Dirty August'*, I was on the shore of a sea
I was in a pit of hell, not deep down but at the very bottom
infinity turned greyer and greyer; sometimes it became the very
image of August
all around was a scent of not-white, I smelt it, the odour of dirtiness
whereas infinity had a smell of blue, I understood it even if I
didn't see it

It was at the end of the thirties, the times were up and down;
and I was quite down
I was out at sea, far away from it all, from the shore, from the
sea, from the blueness
far from the earth, far from my inner self, far from poetry, I
wanted it all to stop
I wanted the sea to stand still like a stretch of blue earth,
completely flat
I wanted the waves to be creaseless, as if they'd just been ironed out
they could stand still forever and I could sleep
as if I had a wharf within me and could doze forever in the
blueness of the sea
anchored to it until I lose at the end

ve eğlenip durur böyle bir zaman...
(Şiir yazmayı seviyorum aslında, böyle bin sebebi var
hiç mi hiç bilmiyor insan ne yazacağını başlarken
gezginlik, şahane serserilik, kalbim benim, gitmek
filan da diyorlar ya alıp başını, tastamam şiir de
böyle bir şey gibi ve aslında kelimeler de bunun için var
yolculuk için yani, yokluk için, yok olmak için,
yolda kullanmak için var, yemek, içmek, barınmak,
yatmak, kalkmak, barınmak ve birtakım insani,
fiziki, maddi, manevi, hissi,cinsi, dünyevi, ilahi.
hayvani, nebati, tabii ve elbette beşeri,
ihtiyaçları ve zaruretleri karşılamak için, yani
'şair ve söz arkadaşları' kumpanyası bir nevi,
demek ki benim de halimce söylediğim şu,
'şiir hiçbir işe yaramaz, faydasız ve beyhudedir' deyişim de
bu şiirle birlikte sona eriyor ve bir yoldaşlık biçimi
olarak şiir bir kez daha ışıyor devrim sahnesinde!)

Devrim diyorum şair vodvil değil, çok istersen
mesel, fars, hikmet ya da ironi sayılabilir
ey devrim (ey şiir diye de okunabilir)
geldiysen üç kere vur, evde yoksak not bırak,
ya da sonra gel, ama mutlaka bekle bizi,
bir kaç gün bizde kal, İstanbul güzeldir,
acelen ne, gideceğin yerde biraz daha beklesinler seni
hem beklemek kadar beklenmek de güzeldir,
galiba şiir yolculuk, yolculuk devrim
ve ikisinin de uykusu gelmiştir, sanırım

both the colour of infinity and its scent...

I had moored myself to a house which I took for a hotel
back then neither the girls nor the sea were blue...
like infinity, that is, the colour of what doesn't exist
blue for me is more of a smell than a colour
infinity too, is a passage of time
they say both the letters of sleep and its smell are blue
I learnt it well, the world is a house full of bitterness
sleep is the alphabet of rain
rain is a well of sleep

The world exists just so it can be said it exists
why does desire exist
it exists for those whom the world holds in its thrall
desire means accepting an invitation issued by the world

As I was writing this poem on things that are falling asleep
I suddenly realised I wanted to write neverending poems
in my own handwriting, as Cherry my cat, slumbered on the page
the house and its cat asleep on the poem, on the letters of the words
the sleep of paper, the sleep of letters, Cherry's sleep
this is a memory in which it seems like even the abyss is sleepy
I knew this to be so before I had written it, before I even had a cat
before the shadow of sleep fell onto the paper
before the shadows of sleepy letters fell onto the poem
I can't decide whether we throw the letters onto the page or into it
would that I could write, forget what I've written, then start

biz şiiri çok sevmiştik diye bitecek bu şiir,
şuraya bir yere bir dize saklamıştım, şiirin sonu
iyi gelsin diye, hem şiir de uykusu geldiğinde
bitmiş sayılır bence, işte o sona sakladığım dize:
-ölüm nedir ki hayatın uykusunun gelmesinden başka?

"kızlar dündü, memeleri taşliman"

rewriting

write on haphazardly so poems could remain for me forever as drafts
so I could write nothing but drafts, in the same way I'm writing

this poem

would that I could stop myself from tinkering with it, from re-

writing it

would that both the original and the proof were this, and I

could just send it off

away from inside me, away from my inclinations, simply a page

with a pure heart

Would that this poem weren't refined—no aesthetic

interventions, no plastic concerns

would that it could stay unspoiled, unprocessed and rough

around the edges

would that it were a pure poem, a fat poem, a long poem, a loose

poem,

a boring poem, an abundant poem, a narrow poem, a saggy

poem, a thin poem,

an old poem, a way-past-its-time poem, an elderly poem, an

archaic poem,

a badly-timed poem or even a sleepy poem...
as if poems had the ability to fall asleep!

And now I'm saying it too at last, "*poeta pirata est*"
the poet is a pirate, we could even call him a thief
after all both a pirate and a thief disdain private property
and the place of the poet should be somewhere between the two

www.rhbks.com

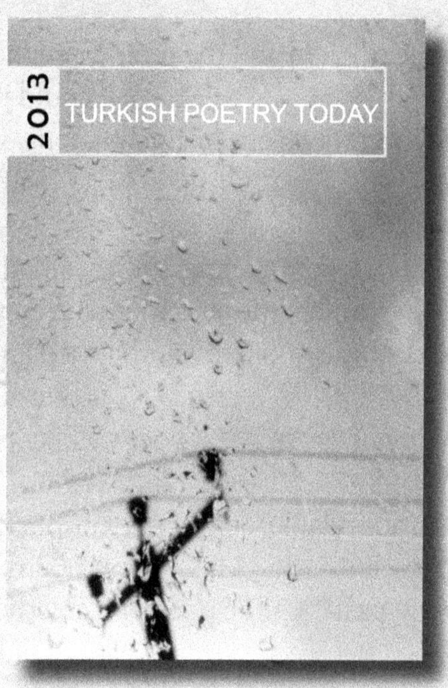

Turkish Poetry Today 2013
Edited by George Messo
6.00 X 9.00 154 pp
ISBN 978-0-9575977-0-9

he should borrow both the words and the poem itself
the world is poetry's garden too, "*as necessitated by its ancient*
childhood"

one should break into the garden

It seems somebody's sleep ran away with the world, and so he thinks
those who leave their eyes on this earth can be freed of this pit of gloom
and have fun on their own for a little while and some more…
(I actually like writing poems, there are a thousand reasons for it
at the start one doesn't know what to write at all
travelling, marvellous tramping around, my heart, leaving and
not coming back
when they say things like that, that is what makes a poem
and actually this is exactly what words exist for
I mean for journeys, for nothingness, for disappearing
to use on the road, for eating, drinking and shelter
for going to bed, getting up, having a roof over your head
they exist to meet various kinds of needs and requirements:
humane, physical, financial, moral, sensational, typical,
earthly, heavenly, animalistic, vegetative, natural, and of course
geographical
it is a a kind of "the poet and his partners-in-words" company
it seems like what I'm saying in my own way is this—me saying
that "poetry doesn't meet any ends, it's useless and it's futile"
comes to an end with this poem as well,
and poetry as a type of companionship shines once more on the
stage of revolution!)

www.rhbks.com

Turkish Poetry Today 2014
Edited by George Messo
6.00 X 9.00 214 pp
ISBN 978-0-9575977-9-2

I said revolution, the poet is no vaudeville, but if you really
                                         want to
you could consider him a parable, a farce, an aphorism or an
                                  instance of irony
dear revolution (also read this as "dear poetry")
if you've arrived, knock three times, if we're not in, please leave a note
or come by later, but do wait for us
stay here for a few days, Istanbul is beautiful and what is your
                                       rush anyway
they could wait for you a little longer at wherever it is you're
                                      meant to go
and being waited for is just as good as waiting itself
I think the poem is a journey and the journey is revolution
and I suppose right now both of them are falling asleep
I reckon this poem will end with something about how much
                                    we've loved poetry
I had kept a line here somewhere, so it's bound to have a good
                                        ending
and besides I think a poem can be called finished when it starts
                                  falling asleep
so here follows the line I'd been saving:

—what else can death be but your life becoming sleepy?

"the girls were yesterday, their breasts like a rock harbour"

Translated by İdil Karacadağ

GÖKÇENUR ÇELEBİOĞLU

*Translated by Mel Kenne, İdil Karacadağ
& Caroline Stockford

*Translated at the Cunda International Workshop for Translators of Turkish Literature, 2014.

Gazmaskesi, Deniz Gözlüğü, Talcid Ve Süt

O sabah erken uyanmıştın.
Gazeteleri okumadan,
cep telefonuna dokunmadan,
alışılmadık bir neşeyle yürüyüşe çıkmıştın.

Sıcak ekmek, tereyağ, sucuklu yumurta ve çay.
Öğle uykusundan önce
geceden dağınık yatakta aşk.

Herşey sade,
herşey asude,
herşey zihninde
olması gerektiği gibiydi tam da,
balkon demirine konan
o martı gözlerini dikip sana hærrrkĥ! diyene kadar.

Bir dünya şiir yazdın o günden sonra.
Üç kitap çıkardın, yavaşladın.
Ondört dize daha var aklında, yazılmamış
ama hâlâ bilemiyorsun
o sözcüğü nereye koyacağını:

hærrrkĥ! seni sevdiğimi daha sık söylemeliyim, duyman önemli
                                              değil.
hærrrkĥ! okumadan sildim sisten gelen SMS'i, sen de sil.

Gas Mask, Diving Goggles, Talcid and Milk

You woke up early that morning.
Without reading the newspapers,
without touching your cell phone,
you went for a walk, feeling oddly cheerful.

Hot bread, butter, an egg with sausage and tea.
Making love on the bed still messy
from the night before.
Then the afternoon nap

Everything simple,
everything still,
everything just as it should be
in your mind
until that seagull perched on the balcony railing
fixed its eyes on you and screeched hærrrkĥ!

After that day, you wrote heaps of poems.
You published three books, then slowed down.
Fourteen lines remain in your head, unwritten
and you still don't know what to do
with that one word:

hærrrkĥ! I should tell you I love you more often, whether you
hear it or not.

hærrrkî! uyuyamıyorsan bir şairin rüyasında uyanıksın
                                             demektir.
hærrrkî! yaz geldi, çakal çelebinin yazı, işte buna içilir.

hærrrkî! böcek gibi biber gazı sıkıyorlar Gezi'de bize.

hærrrkî! gök yağmuru öngörür ya da sezer, her nasılsa önceden
                                   bilir, bunlar sorulmaz yaza.
hærrrkî! sabaha karşı gelen bir telefon gibiydin, yetişemedim
                                           ben sana.
hærrrkî! dişlenmiş bir kurşun kalem unutmuştun masamda,
                             ucu kırılmış, korkuyorum açmaya.
hærrrkî! arkamdan bağırdın, yağmur tutundu bu sese, damlalar
                             düşmüyor bana doğru uçuyordu artık.
hærrrkî! o gece ayrı evlerde yattık ama ikimiz de rüyamızda
                                   İbranice kursuna başladık.
hærrrkî! düşünen şeyler şiir değildir- kesin bilgi, diye bir mesaj
                           gelmiş tanımadığım bir kullanıcıdan.
hærrrkî! yalnızlık yakıyor, herkesi yakar, bunu da yaz bir kenara
                                     unutmadan.
hærrrkî! dişleğim, çillim, gözlerin ışıl, kulakların kepçe, saçların
                                         küt,
hærrrkî! evlen benimle, herşeyim var, gazmaskesi, deniz
                               gözlüğü, talcid ve süt.

hærrrkĥ! I deleted the text from the fog without reading it, you
do that too.
hærrrkĥ! if you can't sleep it means you're awake within a poet's
dream.
hærrrkĥ! summer is here, the summer of Gentleman Jackal, now
that's worth a drink.
hærrrkĥ! at Gezi they're spraying us with pepper gas like bugs.

hærrrkĥ! the sky senses or foresees, somehow divining the
upcoming rain, don't ask summer how.
hærrrkĥ! you were like an early morning phone call, I couldn't
keep up with you.
hærrrkĥ! on my desk a chewed pencil you've forgot, its lead
broken, I'm afraid to sharpen it.
hærrrkĥ! you shouted after me, the rain clung to that sound,
drops have stopped falling, they fly at me now.
hærrrkĥ! that night we slept in separate houses, but both started a
Hebrew course in our dreams.
hærrrkĥ! "things that think aren't poems—confirmed info," said
a text I got from a number I didn't know.
hærrrkĥ! solitude singes, singes us all, jot that down too before
you forget it.
hærrrkĥ! my toothy, freckled one, with eyes a-glimmer, scoops
for ears, hair like silk.
hærrrkĥ! marry me, I've got everything: gas mask, diving
goggles, talcid and milk.

Translated by Mel Kenne and İdil Karacadağ

Portakal Ağacında Kuşlar

çıplak
uyumuşsun
sabaha karşı
tekmeleyince
pikeyi
şarkılarını
unutuyor
pencerende
buluşan
kuşlar

Birds in an Orange Tree

you'd fallen asleep
naked
towards morning
when you kicked off
the covers
birds
who gather
at your window
forgot
their songs

Translated by Caroline Stockford

Zar Kanatlı Bir Rüzgâr

Elimi bıraktın,
avuçlarımızın arasında
oluşan boşlukta
kıpırdandı
zar kanatlı bir rüzgâr
ve orada başladı
gecenin, dişlerinin arasında
yeşil bir mendille
çıkageldiği
unutulmuş
sonbahar.

A Gossamer-winged Breeze

You dropped my hand
and a gossamer-winged breeze
stirred
in the space
created between our palms

and there, striking out
with a green handkerchief
between its teeth
began night's
forgotten
autumn

Translated by Caroline Stockford

KÜÇÜK İSKENDER

Translated by Caroline Stockford

Arabesque

adımı ilk söylediğin gün
kan geldi kulaklarımdan o gece

aceleyle çıkıp evden
seni aradım saatlerce
bulsam vuracaktım
sen ölünce dudaklarından öpecektim,
mikrop kapmasın diye
tentürdiyot sürecektim ağzıma
buna bütün eczaneler gülecekti

allah belamı versin
seviyorum işte ne yapayım
kavuşmak yalnızca varsayım, zayıf ihtimal
özlem hararetli bir esin, kırık bir hayal
ama zulmeden, kahreden o mavi sesin
'acı çekeceksin, yok olacaksın' diyor hâlâ

ve isyan ediyorum allaha
olmalısın, diye haykırıyorum
evet, evet, ordasın
hatta bir cübben
cübbenin de kürklü yakaları var!
ve ben, ölünce yapışacağım o yakalara
yanıt ver, diye bağıracağım, yanıt ver

Arabesque

the first day you spoke my name
blood came out of my ears that night

quickly I left home
I searched for you for hours
find you and I'll shoot you
when you died I was going to kiss you on the lips
to keep off the germs
was going to put iodine on my mouth
all the pharmacies would find it funny

God damn me!
I love you, that's all, what can I do
reunion is just conjecture, a slim chance
longing is a passionate muse, a broken dream
but that crushing, distressing blue voice of yours
keeps saying 'you will suffer, you will fade away'

and I protest to god
you must exist, I cry
yes, yes you are there
you even have a gown and
your gown has fur lapels!
And I, as I'm dying will fasten tight to those lapels
give me an answer, I'll shout, give me an answer

neden neden neden neden neden neden
beni bütün şeytanlar alkışlayacak

seni ilk gördüğüm gün
bir martı oydu iki gözümü de

why why why why why why
all the demons will applaud me

the first day I saw you
a gull picked out both my eyes

Sacrifice

Sana bu gün bir abajur aldım:
Bir şeyin ucunda durur ya yeşil Chevrolet
Kapıları açık, Baltimore plakalı usta işi
Teybinde Elton John'dan sacrifice
Biz sahile doğru yürümüşüz
Ayak izlerimizde ölüp erimiş peri pelerinleri
Periler birbirine düşman, pelerinler birbirine küs

Sana bugün bir mektup yazdım:
En çok
En çok güllerden söz ettim
Saysam, renksiz, özgür güllerden
Bir gül olmak korkusundan
Nedenini hatırlamıyorum ama ağladım
Sağda solda yakılıp unutulmuş sönmüş sigaralar
'Canım..' diye başlanılıp
Yarım bırakılmış bir sürü kağıt parçası
Ruh parçası
Aşk parçası
Buğu parçası
Haz parçası
Paramparça içime paramparça bir kış gelmiş
Biliyor musun ben daima
Kışları saklanırım kan
Kan ödüldür açıkçası

Sacrifice

Today I bought you a lampshade:
It's reached the end of something, you know, the green Chevrolet
Doors open, Baltimore plates, top job
Sacrifice by Elton John on the tapedeck
We'd walked towards the beach
In our footprints, capes of dead, dissolved fairies
Fairies sworn enemies, capes not on speaking terms

Today I wrote you a letter:
Mostly
Mostly I mentioned roses
See-through, colourless, free roses
For fear of becoming a rose
I can't remember the reason, but I cried
To the left and right cigarettes, lit and left, forgotten
Beginning with "darling.."
Loads of half-abandoned pieces of paper
pieces of soul
pieces of love
pieces of vapour
pieces of pleasure
a shattered winter settled in my shot-to-hell self
do you know that I still
Burrow for blood in winter
Blood is a prize, quite frankly

Sana bugün bir kurban kestim
Hala ağrıyor ve kanıyor bileklerim
Gelip geçici bir seyahat
Üzerinde konuşulmamış bir sevgi
Karşılıklı hoyrat kullanılmış bendenler
Aynı dalda karşılaşan iki çocuk sincap
Dal, ağacına düşman, sincaplar birbirine küs
Dudaklarda müstehzi bir hal
Yani bir yere vurup kaybolan far ışığı gibi
Bir an aklıma vurup kaybolan o fevkalade hayal
Vurup kaybolan ruh ve aşk parçaları
Beyaz ve terli alnımda belirip dolaşan
Delikanlı tanrının eli usulca düzeltirken ıslak kakülümü
Otuz yıllık ömrümde ilk kez düşledim ölümü
Bugün sana abajur aldım, bir mektup yazdım
Sana, diyorum, bugün bir abajur ve mektup
Ben bugün sana öldüm başkasına değil
Hani o Chevrolet yeşil, kapıları açık
Teybinde Elton John'dan sacrifice
Avucumda pembe, ziftli bir alyans
Vurup kaybolan buğu ve haz parçaları,
Biriktirdiğimiz
Zamanla biriktirenle biriktirilenin
Birbirine karıştığı
Bende bir eşya mıyım diye düşündüğü

Today I slaughtered a sacrifice to you
They're still aching and flowing, my wrists
Ships that pass in the night
A love that hasn't been named
Mutually brutalised bodies
Meeting on the same branch two kidsquirrels
Branch the tree's enemy, squirrels at each other's throats
A cynical sneer on the lips
And like a headlamp bangs on something and then its beam is gone
That glorious fantasy bumps at my mind for a second and is lost
Colliding and vanishing pieces of soul and love
As the hand of an adolescent god
Appeared and wandered over my white and sweating brow
Softly rearranging my damp fringe
I dreamed of death for the first time in thirty years of life
Today I bought you a lampshade, I wrote a letter
For you, I say, today a letter and a lampshade
I died for you today and nobody else
You know that Chevrolet, green, doors open
Sacrifice by Elton John on the tape
A pink, tarry wedding band in my hand
Colliding and vanishing pieces of vapour and pleasure
The things we stored up
things that piled up over time getting
entwined with the things that were saved up

Üzüldüğü şey
Bir tüy gibi yanınıza gelip
Bir tüy gibi dokunup ürpertip
Sonra
Sonra geri çekildiği...sacrifice...

Koskoca bir aralık ayını müzikle geçirmiştik
Sokaklarda elimizde şarap şişeleri
Adlarımızın yan yana olduğu
Kalpler kazımıştık ağaçlara
Modern çağın gereklerine inat,
Bir romantiktik biz birbirimizi seviyorduk
Biz ayrılmayacaktık biz arabesktik biz..
Bugün bir abajur aldım sana
Eve geldim
Yatağın hep sol tarafında yatardın
Sol taraftaki başucu sehpasına yerleştirdim onu
Bir ampul taktım sarı soft hep istediğin gibi
Işığında bir mektup yazdım sana
Teypte Elton John'dan sacrifice
Beni terk ettiğini bildirdiğin o telefon konuşması
Gözlerinin gencecik mavisi
Birden başlayan, o telaşla bütün gece
Yağan yağmur geldi hatırıma

his thinking 'am I too a possession'
that thing that made him sad
He came to your side like a feather
and touched and trembled like a feather...
then
then his pulling back... sacrifice...

We spent a massive December month in music
In the street with wine bottles in our hands
We carved hearts on the trees
With our names side by side
A gesture against the grain of modern times
we were romantic we loved one another
we were never gonna part we were arabesque we...
Today I bought you a lampshade
I came home
you always lay on the bed's left side
I put it on the left side bedside table
I put in a bulb, soft yellow, as you'd always wanted
in it's light I wrote you a letter
sacrifice by Elton John on the tape
That telephone conversation when you told me we were through
The so-young blueness of your eyes
Rain that started so suddenly, and poured all night in fury,

Nedenini hatırlamıyorum ama ağladım
Yüzüme kapanan ellerin
Yüzümü yeryüzüne karşı perdeleyen ellerin geldi hatırıma
Kaset sustu kapandı yeşil Chevrolet' in kapıları
Tuvalette sarıldım jilete hasretle öptüm
Ampul patladı bir anda alev aldı abajur
Kan ödüldür
Kanımı bu gece dışarı gezmeye çıkarttım
Tenler birbirine düşman, aşıklar birbirine küs
Nedenini hatırlamıyorum ama utandım
Utandım

that rain came to mind
and I can't remember why but I cried
Your hands that would cover my face
Your hands that shielded me from the face of the earth
Those ocean hands of yours came to my mind
The tape stopped, doors of the green Chevrolet shut
I clasped the razorblade in the bathroom and kissed it with longing
The bulb exploded, instantly the lampshade burst into flames
Blood is a prize
I took my blood out for a stroll tonight
bodies in enmity, lovers not on speaking terms
I can't remember why but I was ashamed
ashamed

tedavinin son aşaması

Ama ben delirmek için çıktım dışarı
Dışarı çıktım: İçerisi gök gürültülü ve sağanak tuhaflı
Dışarı çıktım: Gidebileceğim en uzak yer sefil gözler
Tuhaftı: Yarısı ölmüş, yarısı gülen oğlaklar gördüm orada
Nasıl dövüyordu dalgalar yüzümü, bir tokat daha atsalar
Dışarı çıkmıştım: Kaybolanlar aranıyordu yalnızca nasılsa
İhtimaldı: Delirsem önünde durduğum deniz buz tutacaktı
Ve ben yürüyerek geçecektim karşı kıyıdaki tuzağa
Bile bile basacaktım kapana, ayak bileğime kenetlenecekti dişler
Yarısı gülenlerdendiler: Birbirini seveler şarkı söylemezler
Tuhaftı: Dışarısı beklediğimdendi geceydi, fazla evhamlıydı
Ama ben delirmek için çıktım dışarı, bir parça kan kaldı dişte
Kapüşonumun içindeki kafa oğlaktan kesilip takılmıştı ya
Av mevsimi açılınca terk edildim işte

Av mevsimi açılınca terk edilir dışarı çıkan sevgililer
Şifreyi biliyordum, tuşladım ve araladım gökyüzünün kapağını

The last stage of the treatment

But I went outside to go mad
I went out: inside was rumbling skies and the strangeness of a
rain shower
I went out: furthest place I can go is dead-end eyes
It was weird: There I saw goat kids, half of them dead half of them
laughing
How the waves were beating my face, what if they throw one more
punch
I suppose I went out: as it goes, the lost were only being sought
It was a possibility: If I go mad, ice would set on the sea I stood in
front of
And I was going to walk across it into the trap on the other side
Knowingly I would have stepped on the snare, teeth would clamp
my ankle
Half of them were those who were laughing: Those who love each
other do not sing songs
It was weird: The outside was how I'd expected it, night, and too
neurotic
But I went outside to go mad, a gob of blood stayed on my tooth
The head inside my hoodie was cut from a goat kid and stuck on,
yeah
and so, I was going to be abandoned at the start of hunting season

They get left, those lovers who go out as hunting season starts
I knew the password, I punched it in and pried open the lid of the sky

Rural Fiction
Political Fiction
Fantasy
Bestseller

MÜESSER YENİAY

Translated by Caroline Stockford

Karanlığın Coğrafyası

Gözlerini kapatma gece oldu
kaybedebilirsin kendini
bir mürekkep gibi
dağılarak karanlığa

işte
her yer senin olduğun yer

işte ışığa çarpıp düşen yüzümüz
bir araya geliyor
parçaları birleşen bir vazo gibi

lekeleri yok aydınlığın…

bir sevgili gibi duran karanlık
kucaklıyor ve içine dâhil ediyor seni

işte yine
her yer senin olduğun yer

işte herkesin giydiği aynı elbise
gece

The Geography of Darkness

Don't close your eyes—it's night now
you'll lose yourself
and seep into darkness
like ink

so that
everywhere is where you are

and see!
your face, which hits the light and smashes -
reassembles,
like the coalescing fragments of a vase

illumination is spotless...

the darkness, waiting like a lover,
embraces and assimilates you

and so, once more
everywhere is where you are

it's like the same dress worn by everyone
the night

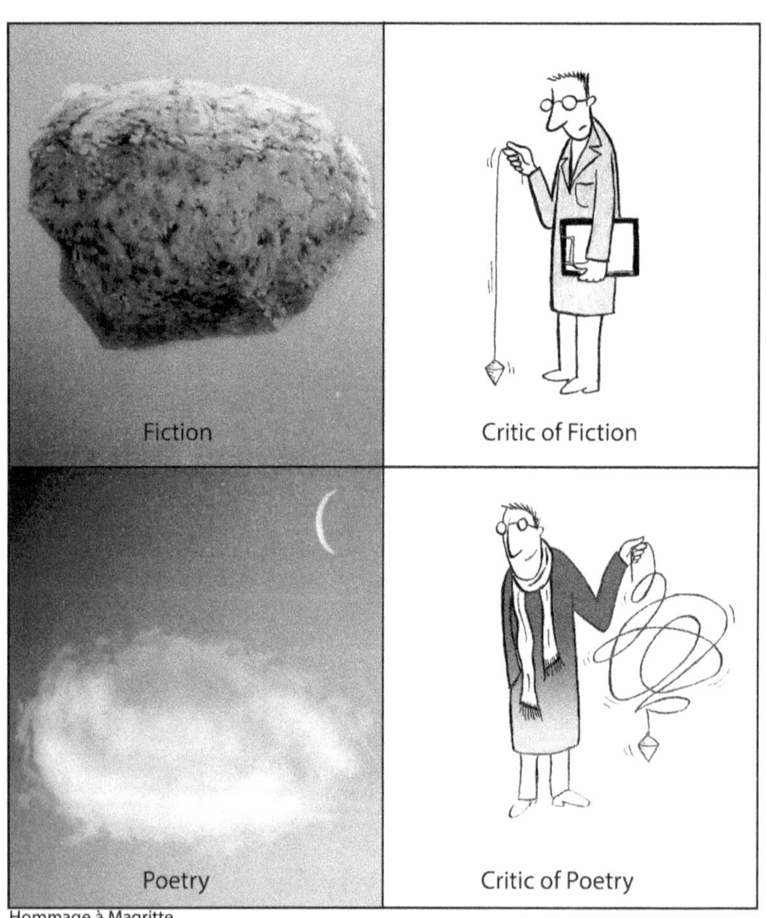

Hommage à Magritte

NOTES ON CONTRIBUTORS

Contemporary Turkish Women Poets
Introduced by Saliha Paker
Translated by George Messo
5.50 X 8.50 136 pp
ISBN 978-1-910346-06-8

www.rhbks.com

ŞENOL BEZCİ was born in 1968, and graduated from Middle East Technical University, Foreign Language Education Department, in 1992. He received his MA and PhD degrees from Ankara University, Department of English Language and Literature., where he currently works. His research interests include literature, humour and cartoons.

GÖKÇENUR ÇELEBİOĞLU was born in Istanbul in 1971. He graduated Istanbul Technical Univercity Electrical Engineering Faculty and has a Master's degree in Business Administration from Istanbul University. He started publishing his poems in Turkish magazines in 1990 and in 2014 he published his sixth book of poetry *Doğanın Ölümü* (The Death of Nature). As a translator of poetry he has worked on Balkan and American poetry. He has translated selected poems by Wallace Stevens, Paul Auster, Anne Carson, Katerina Illiopoulou, Milan Dobricic, Ivan Hristov, Claudiu Komartin, Nikola Madzirov, Santoka and Bei Dao. He has also translated and edited a *Modern Japanese Haiku Anthology* and the *Poet Laureates of America Anthology*. He has participated in many poetry festivals in Europe and Asia and has organised poetry translation workshops in İstanbul, Gümüşlük, Tel-Aviv and also at Kadir Has University and is the co-director of *Word Express* (www.word-express.org). His poetry has been translated into over a dozen languages including Galician, Hebrew, Occitane and Hungarian.

HAYDAR ERGÜLEN, one of Turkey's most important

contemporary poets, was born in Eskişehir in 1956. He read Sociology at Orta Doğu Teknik Üniversitesi and published his first book of poetry in 1982. In 1996 he won the Behçet Necatigil Prize for Poetry for *40 poems and One* and the Halil Kocagöz Prize for Poetry for *Once a Tailor*. In 1998 he won the Orhon Murat Arıburnu Prize for Poetry (Cahit Külebi Jury's Special Award) and also the Mediterranean Golden Orange Poetry Prize. The poetry of Haydar Ergülen, who sometimes writes under the pen-name 'Hafız', has been published in in the *New Poets in Europe Anthology* (Wolf Gray Publishing), *Modern Poetry in Translation* - translated by Derek Mattern and a number of other magazines in different languages. He is the co-director of the successful Eskişehir International Poetry Festival and organises the *Salih Ecer Writers in Residence* program at Gümüşlük which brings together Francophone and Turkish poets. He is also a member of the Board of Directors of PEN Turkey. He teaches poetry in Istanbul, giving monthly seminars on Major Books in Turkish Poetry and The Life of the Poet for municipality classes. He also teaches at Bahçeşehir and Kadir Has University, lecturing in Turkish Poetry, The Second New Movement, and Turkish Poetry Post-1980. In 2015 he will perform at poetry festivals in Luxembourg, France, Argentina and India as well as one month's residency at Letonya Writers in Residence Programme.

İDİL KARACADAĞ was born in Istanbul. She has recently completed a BA in Literature at Kadir Has University. She has translated contemporary Turkish poets such as

Murathan Mungan and Zeynep Köylü into English, as well as participating in the Cunda Workshop for Translators of Turkish Literature.

MEL KENNE has had four books of poetry published and a sequence of his poems was recorded on compact disk in a musical / poetic / dramatic production entitled *The Book of Ed*. He was a winner of the Austin Book Award in 1984, for his collection of poems *South Wind*. His most recent collection, *Galata'dan / The View from Galata*, was published this year as a bilingual edition by Yapı Kredi Yayınları, in Istanbul, with the original text rendered into Turkish by İpek Seyalıoğlu. Kenne has also translated Turkish, Spanish and French poetry into English, and he and Saliha Paker translated two novels by Turkish author Latife Tekin, *Dear Shameless Death* and *Swords of Ice*, which were published by Marion Boyars Publishers in 2000 and 2007 respectively. He has lived in Istanbul since 1993 and presently works as a lecturer in the American Culture and Literature Department at Kadir Has University.

Derman Över who goes by the pen-name of KÜÇÜK İSKENDER was born in Istanbul on the 28th of May 1964. He studied Medicine for five years at Istanbul University's Cerrahpaşa School of Medicine. He then studied sociology for three years at Istanbul University before leaving academic life for poetry and the cinema. He first entered the public gaze in 1985 and was given the title 'marginal poet' because his material encompassed all Istanbul life including the seedy side of the city's Beyoğlu district. His poetry in translation was featured in *Descant* magazine in Canada, in *Eda*, an anthology of Turkish poetry in translation produced by Murat Nemat-Nejet in the United States and most recently in the *Kalyna Review* in November 2014. He won the Orhon Murat Arıburunu Prize in 2000 for his poetry book *One Pair of Black Leather Gloves*. He has performed his work in Europe and the United States.

ELİF SEZEN is an Australian-Turkish interdisciplinary visual artist, bilingual writer and poet. She recently received her Doctorate in Fine Art from Monash University; she lives in Melbourne. Her collection of short stories *Gece Düşüşü* was published by Hayal Press early 2012 (in Turkish). Her translations of Ilya Kaminsky's collection of poems *Dancing in Odessa* was recently published in Turkish by Artshop Press. Her poems recently appeared in *Cordite, Sotto Magazine, Rosetta Literatura, Australian Love Poems 2013, Kıyı Journal, Wonderbook of Poetry, Buddhist Poetry Review, Eureka Street, First Literary Review-East* and *Little Red Tree International Poetry Prize 2013 Anthology*— 'notable selection' section. She was shortlisted for the *Avni Olez Poetry Prize 2010* in Turkish Literature. With one of her visual poems, she also received the Achievement Award in *Familiarizing with the Art and Culture of Europe Project*; the Art exhibition titled *Multicultural Identity: Cultural Heritage, Art, Image*, financed by the European Union, took place at the Centre of Contemporary Arts and Culture-Ankara in 2005.

CAROLINE STOCKFORD is a poet, writer and broadcaster living in Aberystwyth in mid Wales. She holds an MA in the History of the Turkish Language from the School of Oriental and African Studies, London Univeristy and has studied Creative Writing (MA) at Aberystwyth University. Her poetry has appeared in *Sharp as Lemons* (Earlyworks Press 2013), *Make Time for Aberystwyth* (Aberystwyth University 2014) and in Turkish in *Gard Şiir Anthology* (edited by Şakir Özüdoğru, 2014). She regularly performs Turkish poetry in English and performed her poetry at the Eskişehir International Poetry Festival in 2014. She is a member of the Executive Committee of Wales PEN Cymru. Caroline is a freelance literary translator of Turkish poetry and prose . As well as preparing a selected works in English of Küçük İskender, she is co-editing Haydar Ergülen's first selected works in English and translating the 14th century poetry of Wales' greatest poet, Dafydd ap Gwilym into Turkish. Her translations from Turkish can be viewed at Word Prism: estoniacordfrock.wordpress.com

MÜESSER YENİAY was born in İzmir, 1984; graduated from Ege University, with a degree in English Language and Literature. She got her M.A from Bilkent University on Turkish Literature. She has won several prizes in Turkey including Yunus Emre (2006), Homeros Attila İlhan (2007), Ali Riza Ertan (2009), Enver Gökçe (2013) poetry prizes. She is the editor of the literature magazine *Şiirden* and is currently pursuing a Phd in Turkish literature at Bilkent University, Ankara.

İlhan Berk

'One of Turkish poetry's most distinctive and necessary voices.'

WORLD LITERATURE TODAY

'Poets of our time *in any language* ignore Berk's poem—its treasure trove—at their own peril.'

MURAT NEMET-NEJAT

Ilhan Berk
Letters & Sounds
Translated by George Messo
5.50 X 8.50 88 pp
ISBN 978-0-9575977-3-0

www.rhbks.com

Güven Turan
Secret Domain
Translated by Ruth Christie
5.50 X 8.50 284 pp
ISBN 978-1-910346-02-0

The **Secret Domain** sequence reads like an extended minimalist monologue, in which the poet induces rather than works the language, inscribing the physical limits of the page while summoning and invoking imaginative space beyond it. Turan speaks of, and out of, the profoundest silence – what Harold Bloom called the "dumbfounding abyss between ourselves and the object." The frequent dichotomy of being and non-being, signaling presence and absence, belays the intricate metaphysics, the flowing of becoming and disappearance, union and separation that give definition to Turan's unique place in contemporary Turkish verse.

'...the authenticity of a voice freely engaged in thinking poetically'
WORLD LITERATURE TODAY

Scott Andrew Christensen's poetry haunts the borders between the physically detailed and the metaphysically mysterious, or between Nature--in its beautiful details--and the Spirit, what is ineffable. Like his esteemed, canonical ancestors, Gerard Manley Hopkins and Elizabeth Bishop, Christensen crafts lines and images that shadow Philosophy without overshadowing the domestic and the earthy. In this regard, his poetry recalls the numinous, nature lyricism of Nova Scotia's Peter Sanger and the alliterative and Christian alchemy of Margaret Avison. Although the boundaries of return represents a debut, Christensen is already preternaturally skilled in edging toward Wisdom or Faith via witnessing everyday doings and the beings of persons, creatures, and things. His poems seem simple, but open up into complex musings: "swimming / is a gift / reserved for those / without fin, for those / fishing / in the forgetfulness, / angling in another / arbitrary august." Welcome--with joy--the boundaries of return.

George Elliott Clarke
Poet Laureate of Toronto, 2012-15

the boundaries of return

Scott Andrew Christensen

www.ingramcontent.com/pod-product-compliance
Lightning Source LLC
Chambersburg PA
CBHW052358060726

47592CB00019B/1436